Ce carnet appartient à

..............................................

# *Mes* OUTILS

Prêt(e) à tester la méthode des enveloppes ?

Retrouvez le matériel indispensable pour bien débuter :

## *8 enveloppes-budget*

**7 enveloppes** pour les principales sources de dépense de la vie quotidienne :

- **Alimentation**
- **Shopping**
- **Noël**
- **Anniversaires**
- **Vacances**
- **Loisirs**
- **Voiture**

**+ 1 enveloppe à personnaliser** avec la catégorie de votre choix (plaisir coupable, animal de compagnie, baby-sitter…).

# *Mes* OUTILS

## *Des fiches Mois*

Chaque enveloppe-budget est suivie **d'une fiche mensuelle,** sur laquelle vous pourrez suivre vos dépenses tout au long de l'année.

Mois par mois, notez :

- **L'ACHAT EFFECTUÉ**
- **LA DATE**
- **LE MONTANT**

**Et en bonus, des défis pour économiser avec bon sens et bonne humeur !**

# Mode D'EMPLOI

**On budgète toujours mieux lorsqu'on est bien accompagné(e) ; ce petit mode d'emploi vous aidera à faire vos premiers pas !**

1. Au début de chaque mois, une fois les dépenses fixes automatiquement prélevées sur votre compte, notez ce qui vous reste.
2. Pour les dépenses courantes correspondant aux 7 catégories inscrites sur les enveloppes, fixez une certaine somme à ne pas dépasser sur le mois.
3. Retirez cet argent en espèces. Répartissez ensuite chaque somme dans les enveloppes prévues à cet effet.

# *Mode* D'EMPLOI

4. Et maintenant, pour chacune de vos dépenses courantes, vous utiliserez les enveloppes. L'important ? Ne pas dépasser votre budget !
5. À la fin du mois, c'est l'heure du bilan : certaines enveloppes sont-elles vides ? D'autres contiennent-elles encore de l'argent ? Le budget a-t-il été facile à tenir ?... Si nécessaire pour la prochaine fois, revoyez vos prévisions et la répartition pour coller au plus près de vos besoins.
6. Envie d'aller plus loin ? Rendez-vous à la fin de ce carnet et découvrez des challenges qui feront de vous un(e) champion(ne) de l'épargne…

# P'tit DICO

Rassurez-vous, budgéter ne fait pas de vous un(e) grippe-sou. Il s'agit juste de reprendre vos dépenses courantes et occasionnelles en main pour augmenter vos ressources sans avoir à gagner plus. Vous deviendrez plus autonome et connaîtrez, à force, vos ressources réelles. S'il vous arrive de dépasser votre budget, pas de panique ! Vous apprendrez au fur et à mesure à cerner vos besoins réels selon les périodes de l'année. C'est parti !

# *P'tit* DICO

## *Dépenses courantes :*

dépenses du quotidien faites plusieurs fois par mois ou par semaine (courses alimentaires, pleins d'essence, sorties…).

## *Dépenses fixes :*

factures revenant à une date précise, souvent au début de chaque mois (eau, électricité, abonnement internet, forfait téléphonique…).

# P'tit DICO

**Dépenses occasionnelles :** dépenses épisodiques (anniversaires, fournitures scolaires, vacances, entretien de la voiture…).

*Vous voilà fin prêt(e) pour remplir vos petites enveloppes !*

# Janvier

Budget prévu : ________ €

| DATE | NATURE | MONTANT |
| --- | --- | --- |
| | | |

Total ________

# Février

Budget prévu : ________ €

| DATE | NATURE | MONTANT |
|---|---|---|
| | | |
| | | |
| | | |
| | | |
| | | |
| | | |
| | | |
| | | |
| | | |
| | | |
| | | |
| | | |
| | | |
| | | |
| | | |
| | | |
| | | |
| | | |

Total ________

# Mars

Budget prévu : ________ €

| DATE | NATURE | MONTANT |
| --- | --- | --- |
| | | |
| | | |
| | | |
| | | |
| | | |
| | | |
| | | |
| | | |
| | | |
| | | |
| | | |
| | | |
| | | |
| | | |
| | | |
| | | |
| | | |
| | | |
| | | |

Total ________

# Avril

Budget prévu : ____________ €

| DATE | NATURE | MONTANT |
| --- | --- | --- |
| | | |
| | | |
| | | |
| | | |
| | | |
| | | |
| | | |
| | | |
| | | |
| | | |
| | | |
| | | |
| | | |
| | | |
| | | |
| | | |
| | | |
| | | |
| | | |

Total ________

# Mai

Budget prévu : ________ €

| DATE | NATURE | MONTANT |
|---|---|---|
| | | |
| | | |
| | | |
| | | |
| | | |
| | | |
| | | |
| | | |
| | | |
| | | |
| | | |
| | | |
| | | |
| | | |
| | | |
| | | |
| | | |
| | | |
| | | |

Total ________

# Juin

Budget prévu : ________ €

| DATE | NATURE | MONTANT |
| --- | --- | --- |
| | | |
| | | |
| | | |
| | | |
| | | |
| | | |
| | | |
| | | |
| | | |
| | | |
| | | |
| | | |
| | | |
| | | |
| | | |
| | | |
| | | |
| | | |
| | | |

Total ________

# Juillet

Budget prévu : ____________ €

| DATE | NATURE | MONTANT |
| --- | --- | --- |
| | | |
| | | |
| | | |
| | | |
| | | |
| | | |
| | | |
| | | |
| | | |
| | | |
| | | |
| | | |
| | | |
| | | |
| | | |
| | | |
| | | |
| | | |
| | | |

Total ____________

# Août

Budget prévu : ________€

| DATE | NATURE | MONTANT |
|---|---|---|
| | | |
| | | |
| | | |
| | | |
| | | |
| | | |
| | | |
| | | |
| | | |
| | | |
| | | |
| | | |
| | | |
| | | |
| | | |
| | | |
| | | |
| | | |
| | | |

Total ______

# Septembre

Budget prévu : ______ €

| DATE | NATURE | MONTANT |
|---|---|---|
| | | |
| | | |
| | | |
| | | |
| | | |
| | | |
| | | |
| | | |
| | | |
| | | |
| | | |
| | | |
| | | |
| | | |
| | | |
| | | |
| | | |
| | | |
| | | |

Total ______

# Octobre

Budget prévu : ________ €

| DATE | NATURE | MONTANT |
| --- | --- | --- |
| | | |
| | | |
| | | |
| | | |
| | | |
| | | |
| | | |
| | | |
| | | |
| | | |
| | | |
| | | |
| | | |
| | | |
| | | |
| | | |
| | | |
| | | |
| | | |

Total ________

# Novembre

Budget prévu : ________ €

| DATE | NATURE | MONTANT |
|---|---|---|
| | | |
| | | |
| | | |
| | | |
| | | |
| | | |
| | | |
| | | |
| | | |
| | | |
| | | |
| | | |
| | | |
| | | |
| | | |
| | | |
| | | |
| | | |
| | | |

Total ________

# Décembre

Budget prévu : ________ €

| DATE | NATURE | MONTANT |
|---|---|---|
| | | |
| | | |
| | | |
| | | |
| | | |
| | | |
| | | |
| | | |
| | | |
| | | |
| | | |
| | | |
| | | |
| | | |
| | | |
| | | |
| | | |
| | | |
| | | |

Total ________

# Janvier

Budget prévu : ____________ €

| DATE | NATURE | MONTANT |
|---|---|---|
| | | |
| | | |
| | | |
| | | |
| | | |
| | | |
| | | |
| | | |
| | | |
| | | |
| | | |
| | | |
| | | |
| | | |
| | | |
| | | |
| | | |
| | | |
| | | |

Total ____________

# Février

Budget prévu : ____________ €

| DATE | NATURE | MONTANT |
|---|---|---|
| | | |
| | | |
| | | |
| | | |
| | | |
| | | |
| | | |
| | | |
| | | |
| | | |
| | | |
| | | |
| | | |
| | | |
| | | |
| | | |
| | | |
| | | |
| | | |

Total ________

# Mars

*Budget prévu :* ________ €

| DATE | NATURE | MONTANT |
|---|---|---|
| | | |
| | | |
| | | |
| | | |
| | | |
| | | |
| | | |
| | | |
| | | |
| | | |
| | | |
| | | |
| | | |
| | | |
| | | |
| | | |
| | | |
| | | |
| | | |

*Total* ________

# Avril

Budget prévu : ________ €

| DATE | NATURE | MONTANT |
|---|---|---|
| | | |

Total ______

# Mai

*Budget prévu :* ________ €

| DATE | NATURE | MONTANT |
|---|---|---|
| | | |
| | | |
| | | |
| | | |
| | | |
| | | |
| | | |
| | | |
| | | |
| | | |
| | | |
| | | |
| | | |
| | | |
| | | |
| | | |
| | | |
| | | |
| | | |

*Total* ________

# Juin

Budget prévu : ________ €

| DATE | NATURE | MONTANT |
|---|---|---|
| | | |
| | | |
| | | |
| | | |
| | | |
| | | |
| | | |
| | | |
| | | |
| | | |
| | | |
| | | |
| | | |
| | | |
| | | |
| | | |
| | | |
| | | |
| | | |

Total ________

# Juillet

Budget prévu : ____________ €

| DATE | NATURE | MONTANT |
|---|---|---|
| | | |

Total ________

# Août

*Budget prévu :* ____________ €

| DATE | NATURE | MONTANT |
| --- | --- | --- |
| | | |

*Total* ________

# Septembre

Budget prévu : ______ €

| DATE | NATURE | MONTANT |
| --- | --- | --- |
| | | |
| | | |
| | | |
| | | |
| | | |
| | | |
| | | |
| | | |
| | | |
| | | |
| | | |
| | | |
| | | |
| | | |
| | | |
| | | |
| | | |
| | | |
| | | |

Total ______

# Octobre

Budget prévu : ________ €

| DATE | NATURE | MONTANT |
|---|---|---|
| | | |
| | | |
| | | |
| | | |
| | | |
| | | |
| | | |
| | | |
| | | |
| | | |
| | | |
| | | |
| | | |
| | | |
| | | |
| | | |
| | | |
| | | |
| | | |

Total ________

# Novembre

Budget prévu : __________ €

| DATE | NATURE | MONTANT |
|---|---|---|
| | | |
| | | |
| | | |
| | | |
| | | |
| | | |
| | | |
| | | |
| | | |
| | | |
| | | |
| | | |
| | | |
| | | |
| | | |
| | | |
| | | |
| | | |
| | | |

Total __________

# Décembre

Budget prévu : ________ €

| DATE | NATURE | MONTANT |
| --- | --- | --- |
| | | |
| | | |
| | | |
| | | |
| | | |
| | | |
| | | |
| | | |
| | | |
| | | |
| | | |
| | | |
| | | |
| | | |
| | | |
| | | |
| | | |
| | | |
| | | |

Total ________

# Janvier

Budget prévu : ________ €

| DATE | NATURE | MONTANT |
|---|---|---|
| | | |
| | | |
| | | |
| | | |
| | | |
| | | |
| | | |
| | | |
| | | |
| | | |
| | | |
| | | |
| | | |
| | | |
| | | |
| | | |
| | | |
| | | |
| | | |

Total ________

# Février

Budget prévu : ________ €

| DATE | NATURE | MONTANT |
| --- | --- | --- |
| | | |
| | | |
| | | |
| | | |
| | | |
| | | |
| | | |
| | | |
| | | |
| | | |
| | | |
| | | |
| | | |
| | | |
| | | |
| | | |
| | | |
| | | |
| | | |

Total ________

# Mars

Budget prévu : ______________€

| DATE | NATURE | MONTANT |
| --- | --- | --- |
| | | |
| | | |
| | | |
| | | |
| | | |
| | | |
| | | |
| | | |
| | | |
| | | |
| | | |
| | | |
| | | |
| | | |
| | | |
| | | |
| | | |
| | | |

Total ________

# Avril

Budget prévu : ________ €

| DATE | NATURE | MONTANT |
|---|---|---|
| | | |
| | | |
| | | |
| | | |
| | | |
| | | |
| | | |
| | | |
| | | |
| | | |
| | | |
| | | |
| | | |
| | | |
| | | |
| | | |
| | | |
| | | |

Total ________

# Mai

Budget prévu : ________ €

| DATE | NATURE | MONTANT |
| --- | --- | --- |
| | | |
| | | |
| | | |
| | | |
| | | |
| | | |
| | | |
| | | |
| | | |
| | | |
| | | |
| | | |
| | | |
| | | |
| | | |
| | | |
| | | |
| | | |
| | | |

Total ________

# Juin

Budget prévu : ________ €

| DATE | NATURE | MONTANT |
| --- | --- | --- |
| | | |
| | | |
| | | |
| | | |
| | | |
| | | |
| | | |
| | | |
| | | |
| | | |
| | | |
| | | |
| | | |
| | | |
| | | |
| | | |
| | | |
| | | |
| | | |

Total ________

# Juillet

Budget prévu : ________ €

| DATE | NATURE | MONTANT |
|---|---|---|
| | | |
| | | |
| | | |
| | | |
| | | |
| | | |
| | | |
| | | |
| | | |
| | | |
| | | |
| | | |
| | | |
| | | |
| | | |
| | | |
| | | |
| | | |
| | | |

Total ________

# Août

Budget prévu : ________ €

| DATE | NATURE | MONTANT |
|---|---|---|
| | | |
| | | |
| | | |
| | | |
| | | |
| | | |
| | | |
| | | |
| | | |
| | | |
| | | |
| | | |
| | | |
| | | |
| | | |
| | | |
| | | |
| | | |
| | | |

Total ________

# Septembre

Budget prévu : ________ €

| DATE | NATURE | MONTANT |
|---|---|---|
| | | |
| | | |
| | | |
| | | |
| | | |
| | | |
| | | |
| | | |
| | | |
| | | |
| | | |
| | | |
| | | |
| | | |
| | | |
| | | |
| | | |
| | | |

Total ________

# Octobre

Budget prévu : ________ €

| DATE | NATURE | MONTANT |
|---|---|---|
| | | |
| | | |
| | | |
| | | |
| | | |
| | | |
| | | |
| | | |
| | | |
| | | |
| | | |
| | | |
| | | |
| | | |
| | | |
| | | |
| | | |
| | | |
| | | |

Total ________

# Novembre

Budget prévu : ________ €

| DATE | NATURE | MONTANT |
|---|---|---|
| | | |
| | | |
| | | |
| | | |
| | | |
| | | |
| | | |
| | | |
| | | |
| | | |
| | | |
| | | |
| | | |
| | | |
| | | |
| | | |
| | | |
| | | |
| | | |

Total ________

# Décembre

Budget prévu : ________ €

| DATE | NATURE | MONTANT |
|---|---|---|
| | | |
| | | |
| | | |
| | | |
| | | |
| | | |
| | | |
| | | |
| | | |
| | | |
| | | |
| | | |
| | | |
| | | |
| | | |
| | | |
| | | |
| | | |
| | | |

Total ________

# Janvier

Budget prévu : ________ €

| DATE | NATURE | MONTANT |
|---|---|---|
| | | |
| | | |
| | | |
| | | |
| | | |
| | | |
| | | |
| | | |
| | | |
| | | |
| | | |
| | | |
| | | |
| | | |
| | | |
| | | |
| | | |
| | | |

Total ________

# Février

Budget prévu : ____________ €

| DATE | NATURE | MONTANT |
|---|---|---|
| | | |
| | | |
| | | |
| | | |
| | | |
| | | |
| | | |
| | | |
| | | |
| | | |
| | | |
| | | |
| | | |
| | | |
| | | |
| | | |
| | | |
| | | |
| | | |

Total ____________

# Mars

Budget prévu : ________ €

| DATE | NATURE | MONTANT |
|---|---|---|
| | | |
| | | |
| | | |
| | | |
| | | |
| | | |
| | | |
| | | |
| | | |
| | | |
| | | |
| | | |
| | | |
| | | |
| | | |
| | | |
| | | |
| | | |
| | | |

Total ________

# Avril

Budget prévu : ________ €

| DATE | NATURE | MONTANT |
|---|---|---|
| | | |
| | | |
| | | |
| | | |
| | | |
| | | |
| | | |
| | | |
| | | |
| | | |
| | | |
| | | |
| | | |
| | | |
| | | |
| | | |
| | | |
| | | |
| | | |

Total ________

# Mai

*Budget prévu :* ________ €

| DATE | NATURE | MONTANT |
| --- | --- | --- |
| | | |
| | | |
| | | |
| | | |
| | | |
| | | |
| | | |
| | | |
| | | |
| | | |
| | | |
| | | |
| | | |
| | | |
| | | |
| | | |
| | | |
| | | |
| | | |

*Total* ________

# Juin

Budget prévu : ________ €

| DATE | NATURE | MONTANT |
|---|---|---|
| | | |
| | | |
| | | |
| | | |
| | | |
| | | |
| | | |
| | | |
| | | |
| | | |
| | | |
| | | |
| | | |
| | | |
| | | |
| | | |
| | | |
| | | |
| | | |

Total ________

# Juillet

Budget prévu : ________ €

| DATE | NATURE | MONTANT |
|---|---|---|
| | | |
| | | |
| | | |
| | | |
| | | |
| | | |
| | | |
| | | |
| | | |
| | | |
| | | |
| | | |
| | | |
| | | |
| | | |
| | | |
| | | |
| | | |
| | | |

Total ________

# Août

Budget prévu : ______ €

| DATE | NATURE | MONTANT |
| --- | --- | --- |
| | | |
| | | |
| | | |
| | | |
| | | |
| | | |
| | | |
| | | |
| | | |
| | | |
| | | |
| | | |
| | | |
| | | |
| | | |
| | | |
| | | |
| | | |
| | | |

Total ______

# Septembre

Budget prévu : ______ €

| DATE | NATURE | MONTANT |
|---|---|---|
| | | |
| | | |
| | | |
| | | |
| | | |
| | | |
| | | |
| | | |
| | | |
| | | |
| | | |
| | | |
| | | |
| | | |
| | | |
| | | |
| | | |
| | | |
| | | |

Total ______

# Octobre

*Budget prévu :* ________ €

| DATE | NATURE | MONTANT |
|---|---|---|
| | | |
| | | |
| | | |
| | | |
| | | |
| | | |
| | | |
| | | |
| | | |
| | | |
| | | |
| | | |
| | | |
| | | |
| | | |
| | | |
| | | |
| | | |
| | | |

*Total* ________

# Novembre

Budget prévu : ________ €

| DATE | NATURE | MONTANT |
| --- | --- | --- |
| | | |
| | | |
| | | |
| | | |
| | | |
| | | |
| | | |
| | | |
| | | |
| | | |
| | | |
| | | |
| | | |
| | | |
| | | |
| | | |
| | | |
| | | |
| | | |

Total ________

# Décembre

Budget prévu : ________ €

| DATE | NATURE | MONTANT |
|---|---|---|
| | | |
| | | |
| | | |
| | | |
| | | |
| | | |
| | | |
| | | |
| | | |
| | | |
| | | |
| | | |
| | | |
| | | |
| | | |
| | | |
| | | |
| | | |

Total ________

# Janvier

Budget prévu : ________ €

| DATE | NATURE | MONTANT |
| --- | --- | --- |
| | | |
| | | |
| | | |
| | | |
| | | |
| | | |
| | | |
| | | |
| | | |
| | | |
| | | |
| | | |
| | | |
| | | |
| | | |
| | | |
| | | |
| | | |
| | | |

*Total* ________

# Février

Budget prévu : ________ €

| DATE | NATURE | MONTANT |
| --- | --- | --- |
| | | |
| | | |
| | | |
| | | |
| | | |
| | | |
| | | |
| | | |
| | | |
| | | |
| | | |
| | | |
| | | |
| | | |
| | | |
| | | |
| | | |
| | | |
| | | |

Total ________

# Mars

Budget prévu : ________ €

| DATE | NATURE | MONTANT |
|---|---|---|
| | | |
| | | |
| | | |
| | | |
| | | |
| | | |
| | | |
| | | |
| | | |
| | | |
| | | |
| | | |
| | | |
| | | |
| | | |
| | | |
| | | |
| | | |
| | | |

Total ________

# Avril

Budget prévu : ________ €

| DATE | NATURE | MONTANT |
| --- | --- | --- |

Total ________

# Mai

Budget prévu : ________ €

| DATE | NATURE | MONTANT |
|---|---|---|
| | | |

Total ________

# Juin

Budget prévu : ________ €

| DATE | NATURE | MONTANT |
|---|---|---|
| | | |
| | | |
| | | |
| | | |
| | | |
| | | |
| | | |
| | | |
| | | |
| | | |
| | | |
| | | |
| | | |
| | | |
| | | |
| | | |
| | | |
| | | |
| | | |

Total ________

# Juillet

Budget prévu : ________€

| DATE | NATURE | MONTANT |
|---|---|---|
| | | |
| | | |
| | | |
| | | |
| | | |
| | | |
| | | |
| | | |
| | | |
| | | |
| | | |
| | | |
| | | |
| | | |
| | | |
| | | |
| | | |
| | | |
| | | |

Total ________

# Août

Budget prévu : ____________ €

| DATE | NATURE | MONTANT |
|---|---|---|
| | | |
| | | |
| | | |
| | | |
| | | |
| | | |
| | | |
| | | |
| | | |
| | | |
| | | |
| | | |
| | | |
| | | |
| | | |
| | | |
| | | |
| | | |
| | | |

Total ________

# Septembre

Budget prévu : ________ €

| DATE | NATURE | MONTANT |
|---|---|---|
| | | |

Total ________

# Octobre

Budget prévu : ______ €

| DATE | NATURE | MONTANT |
| --- | --- | --- |
| | | |
| | | |
| | | |
| | | |
| | | |
| | | |
| | | |
| | | |
| | | |
| | | |
| | | |
| | | |
| | | |
| | | |
| | | |
| | | |
| | | |
| | | |
| | | |

Total ______

# Novembre

Budget prévu : ________ €

| DATE | NATURE | MONTANT |
| --- | --- | --- |
| | | |

Total ________

# Décembre

Budget prévu : ________ €

| DATE | NATURE | MONTANT |
|---|---|---|
| | | |
| | | |
| | | |
| | | |
| | | |
| | | |
| | | |
| | | |
| | | |
| | | |
| | | |
| | | |
| | | |
| | | |
| | | |
| | | |
| | | |
| | | |
| | | |

Total ________

# Janvier

Budget prévu : ________ €

| DATE | NATURE | MONTANT |
|---|---|---|
| | | |
| | | |
| | | |
| | | |
| | | |
| | | |
| | | |
| | | |
| | | |
| | | |
| | | |
| | | |
| | | |
| | | |
| | | |
| | | |
| | | |
| | | |
| | | |

Total ________

# Février

Budget prévu : ________ €

| DATE | NATURE | MONTANT |
|---|---|---|
| | | |

Total ________

# Mars

Budget prévu : ________ €

| DATE | NATURE | MONTANT |
|---|---|---|
| | | |
| | | |
| | | |
| | | |
| | | |
| | | |
| | | |
| | | |
| | | |
| | | |
| | | |
| | | |
| | | |
| | | |
| | | |
| | | |
| | | |
| | | |
| | | |

Total ________

# Avril

Budget prévu : ________ €

| DATE | NATURE | MONTANT |
|---|---|---|
| | | |
| | | |
| | | |
| | | |
| | | |
| | | |
| | | |
| | | |
| | | |
| | | |
| | | |
| | | |
| | | |
| | | |
| | | |
| | | |
| | | |
| | | |
| | | |

Total ________

# Mai

Budget prévu : ________ €

| DATE | NATURE | MONTANT |
| --- | --- | --- |
| | | |
| | | |
| | | |
| | | |
| | | |
| | | |
| | | |
| | | |
| | | |
| | | |
| | | |
| | | |
| | | |
| | | |
| | | |
| | | |
| | | |
| | | |
| | | |

Total ______

# Juin

Budget prévu : ________ €

| DATE | NATURE | MONTANT |
|---|---|---|
| | | |
| | | |
| | | |
| | | |
| | | |
| | | |
| | | |
| | | |
| | | |
| | | |
| | | |
| | | |
| | | |
| | | |
| | | |
| | | |
| | | |
| | | |
| | | |

Total ________

# Juillet

Budget prévu : ________ €

| DATE | NATURE | MONTANT |
|---|---|---|
| | | |
| | | |
| | | |
| | | |
| | | |
| | | |
| | | |
| | | |
| | | |
| | | |
| | | |
| | | |
| | | |
| | | |
| | | |
| | | |
| | | |
| | | |
| | | |

Total ________

# Août

Budget prévu : ________ €

| DATE | NATURE | MONTANT |
|---|---|---|
| | | |
| | | |
| | | |
| | | |
| | | |
| | | |
| | | |
| | | |
| | | |
| | | |
| | | |
| | | |
| | | |
| | | |
| | | |
| | | |
| | | |
| | | |
| | | |

Total ______

# Septembre

Budget prévu : ______________ €

| DATE | NATURE | MONTANT |
| --- | --- | --- |
| | | |
| | | |
| | | |
| | | |
| | | |
| | | |
| | | |
| | | |
| | | |
| | | |
| | | |
| | | |
| | | |
| | | |
| | | |
| | | |
| | | |
| | | |
| | | |

Total ________

# Octobre

Budget prévu : ________ €

| DATE | NATURE | MONTANT |
| --- | --- | --- |
| | | |
| | | |
| | | |
| | | |
| | | |
| | | |
| | | |
| | | |
| | | |
| | | |
| | | |
| | | |
| | | |
| | | |
| | | |
| | | |
| | | |
| | | |
| | | |

Total ________

# Novembre

Budget prévu : ________ €

| DATE | NATURE | MONTANT |
| --- | --- | --- |
| | | |
| | | |
| | | |
| | | |
| | | |
| | | |
| | | |
| | | |
| | | |
| | | |
| | | |
| | | |
| | | |
| | | |
| | | |
| | | |
| | | |
| | | |
| | | |

Total ________

# Décembre

Budget prévu : ________ €

| DATE | NATURE | MONTANT |
|---|---|---|
| | | |
| | | |
| | | |
| | | |
| | | |
| | | |
| | | |
| | | |
| | | |
| | | |
| | | |
| | | |
| | | |
| | | |
| | | |
| | | |
| | | |
| | | |
| | | |

Total ________

# Janvier

Budget prévu : ________ €

| DATE | NATURE | MONTANT |
| --- | --- | --- |
| | | |
| | | |
| | | |
| | | |
| | | |
| | | |
| | | |
| | | |
| | | |
| | | |
| | | |
| | | |
| | | |
| | | |
| | | |
| | | |
| | | |
| | | |
| | | |

Total ________

# Février

Budget prévu : ________ €

| DATE | NATURE | MONTANT |
| --- | --- | --- |
| | | |

Total ________

# Mars

*Budget prévu :* ________ €

| DATE | NATURE | MONTANT |
|---|---|---|
| | | |
| | | |
| | | |
| | | |
| | | |
| | | |
| | | |
| | | |
| | | |
| | | |
| | | |
| | | |
| | | |
| | | |
| | | |
| | | |
| | | |
| | | |
| | | |

*Total* ________

# Avril

Budget prévu : ________ €

| DATE | NATURE | MONTANT |
| --- | --- | --- |
| | | |

Total ______

# Mai

Budget prévu : ________ €

| DATE | NATURE | MONTANT |
| --- | --- | --- |
| | | |

Total ________

# Juin

Budget prévu : __________ €

| DATE | NATURE | MONTANT |
|---|---|---|
| | | |
| | | |
| | | |
| | | |
| | | |
| | | |
| | | |
| | | |
| | | |
| | | |
| | | |
| | | |
| | | |
| | | |
| | | |
| | | |
| | | |
| | | |
| | | |

Total ________

# Juillet

Budget prévu : ________ €

| DATE | NATURE | MONTANT |
|---|---|---|
| | | |
| | | |
| | | |
| | | |
| | | |
| | | |
| | | |
| | | |
| | | |
| | | |
| | | |
| | | |
| | | |
| | | |
| | | |
| | | |
| | | |
| | | |
| | | |

Total ________

# Août

Budget prévu : ________ €

| DATE | NATURE | MONTANT |
| --- | --- | --- |
| | | |
| | | |
| | | |
| | | |
| | | |
| | | |
| | | |
| | | |
| | | |
| | | |
| | | |
| | | |
| | | |
| | | |
| | | |
| | | |
| | | |
| | | |
| | | |

Total ________

# Septembre

Budget prévu : ________ €

| DATE | NATURE | MONTANT |
| --- | --- | --- |
| | | |

Total ________

# Octobre

Budget prévu : ________ €

| DATE | NATURE | MONTANT |
|---|---|---|
| | | |
| | | |
| | | |
| | | |
| | | |
| | | |
| | | |
| | | |
| | | |
| | | |
| | | |
| | | |
| | | |
| | | |
| | | |
| | | |
| | | |
| | | |
| | | |

*Total* ________

# Novembre

Budget prévu : ______ €

| DATE | NATURE | MONTANT |
| --- | --- | --- |

Total ______

# Décembre

Budget prévu : ________ €

| DATE | NATURE | MONTANT |
|---|---|---|
| | | |

Total ________

# Janvier

Budget prévu : ________ €

| DATE | NATURE | MONTANT |
| --- | --- | --- |
| | | |

*Total* ________

# Février

Budget prévu : ________ €

| DATE | NATURE | MONTANT |
|---|---|---|
| | | |
| | | |
| | | |
| | | |
| | | |
| | | |
| | | |
| | | |
| | | |
| | | |
| | | |
| | | |
| | | |
| | | |
| | | |
| | | |
| | | |
| | | |
| | | |

Total ________

# Mars

*Budget prévu :* ________ €

| DATE | NATURE | MONTANT |
|---|---|---|
| | | |
| | | |
| | | |
| | | |
| | | |
| | | |
| | | |
| | | |
| | | |
| | | |
| | | |
| | | |
| | | |
| | | |
| | | |
| | | |
| | | |
| | | |
| | | |

*Total* ________

# Avril

Budget prévu : ________ €

| DATE | NATURE | MONTANT |
| --- | --- | --- |
| | | |
| | | |
| | | |
| | | |
| | | |
| | | |
| | | |
| | | |
| | | |
| | | |
| | | |
| | | |
| | | |
| | | |
| | | |
| | | |
| | | |
| | | |
| | | |

Total ________

# Mai

Budget prévu : ________ €

| DATE | NATURE | MONTANT |
|---|---|---|
| | | |
| | | |
| | | |
| | | |
| | | |
| | | |
| | | |
| | | |
| | | |
| | | |
| | | |
| | | |
| | | |
| | | |
| | | |
| | | |
| | | |
| | | |
| | | |
| | | |

Total ________

# Juin

Budget prévu : ________ €

| DATE | NATURE | MONTANT |
| --- | --- | --- |
| | | |
| | | |
| | | |
| | | |
| | | |
| | | |
| | | |
| | | |
| | | |
| | | |
| | | |
| | | |
| | | |
| | | |
| | | |
| | | |
| | | |
| | | |
| | | |

Total ________

# Juillet

Budget prévu : ________ €

| DATE | NATURE | MONTANT |
|---|---|---|
| | | |
| | | |
| | | |
| | | |
| | | |
| | | |
| | | |
| | | |
| | | |
| | | |
| | | |
| | | |
| | | |
| | | |
| | | |
| | | |
| | | |
| | | |
| | | |

Total ________

# Août

Budget prévu : ________ €

| DATE | NATURE | MONTANT |
| --- | --- | --- |
| | | |
| | | |
| | | |
| | | |
| | | |
| | | |
| | | |
| | | |
| | | |
| | | |
| | | |
| | | |
| | | |
| | | |
| | | |
| | | |
| | | |
| | | |
| | | |

Total ________

# Septembre

Budget prévu : ________ €

| DATE | NATURE | MONTANT |
|---|---|---|
| | | |
| | | |
| | | |
| | | |
| | | |
| | | |
| | | |
| | | |
| | | |
| | | |
| | | |
| | | |
| | | |
| | | |
| | | |
| | | |
| | | |
| | | |
| | | |

Total ________

# Octobre

Budget prévu : ______ €

| DATE | NATURE | MONTANT |
|---|---|---|
| | | |

Total ______

# Novembre

Budget prévu : ________ €

| DATE | NATURE | MONTANT |
|---|---|---|
| | | |
| | | |
| | | |
| | | |
| | | |
| | | |
| | | |
| | | |
| | | |
| | | |
| | | |
| | | |
| | | |
| | | |
| | | |
| | | |
| | | |
| | | |
| | | |

Total ________

# Décembre

Budget prévu : ________ €

| DATE | NATURE | MONTANT |
| --- | --- | --- |
| | | |

Total ________

Mes défis

# Défi n°1

## Bingo des 2 euros

Mettez de côté 2 € par jour pendant 30 jours. Sur l'illustration ci-dessous, 1 pièce = 1 journée. Cochez la première lorsque vous avez mis de côté 2 € le premier jour, et ainsi de suite (écrivez au crayon à papier, pour pouvoir gommer ensuite et relever le défi plusieurs fois dans l'année !).

**Bingo ! Vous voilà avec 60 € à la fin du mois, à réinvestir ailleurs !**

# Défi n° 2

## Challenge des 52 semaines

Le principe est simple : sur l'année civile, le numéro de la semaine correspond au montant que vous devez épargner chaque semaine. Par exemple, pendant la première semaine de janvier, mettez 1 € de côté. La deuxième, passez à 2 €, et ainsi de suite.

Vous pouvez commencer n'importe quand, l'important étant de vous projeter sur une année. Cependant, commencer en janvier vous aidera à garder le cap plus facilement, parce que vous pourrez suivre le numéro des semaines sur votre calendrier, sans avoir besoin de vous faire le vôtre.

# Défi n° 3

## Roule canette

D'humeur plutôt joueuse, vous préférez vous en remettre au destin pour ajouter un peu plus de piquant ? Testez donc ce petit jeu de hasard…

**Il vous faut :**

- 10 morceaux de papier
- du Scotch
- 1 canette pleine

**Disposition :**

**1.** Sur le sol, disposez en ligne verticale vos 10 petits rectangles blancs. Inscrivez sur chacun le montant de votre choix, sans dépasser 50 € par rectangle.

**2.** Fixez-les avec du Scotch.

**Déroulement :**

**1.** Chaque dimanche soir, asseyez-vous face à votre colonne de rectangles.

**2.** Prenez la canette et envoyez-la doucement rouler à côté de vos rectangles. Le chiffre au niveau duquel elle se stabilise fixera le montant que vous devrez économiser pendant la semaine qui arrive. Par exemple : si elle s'arrête au rectangle sur lequel vous avez choisi de noter, mettons, 14 €, vous devez épargner 14 €.

**Faites vos jeux !**

# Défi n°4

## Budget à la carte

Au dos de votre carte bancaire figure un code de sécurité à trois chiffres. Considérez ces numéros comme un montant à épargner sur un an ! N'hésitez pas à relever ce défi à plusieurs, chacun ne se retrouvera pas avec la même somme à économiser – qui a dit que s'amuser coûtait cher ?

# Mon bilan
## SUR L'ANNÉE

# Mon bilan
# SUR L'ANNÉE

Crédits iconographiques
© Shutterstock.

Direction de la publication :
**Isabelle Jeuge-Maynart et Ghislaine Stora**
Direction éditoriale :
**Émilie Franc et Julie Martin**
Édition : **Philippine Richard**
Direction artistique : **Géraldine Lamy**
Couverture : **Bastien Gélas**
Conception graphique et mise en pages :
**Julie Patron**
Fabrication : **Donia Faiz**

Imprimé en RPC
Dépôt légal : mars 2023
332766/01 – 11051860 – octobre 2022